BEI GRIN MACHT SICH IHR WISSEN BEZAHLT

- Wir veröffentlichen Ihre Hausarbeit,
  Bachelor- und Masterarbeit

- Ihr eigenes eBook und Buch -
  weltweit in allen wichtigen Shops

- Verdienen Sie an jedem Verkauf

Jetzt bei www.GRIN.com hochladen
und kostenlos publizieren

GRIN

Patrick Seifert

Auswahlkriterien von ERP-Systemen in der Versiche-
rungsbrache

GRIN Verlag

Bibliografische Information der Deutschen Nationalbibliothek:

Die Deutsche Bibliothek verzeichnet diese Publikation in der Deutschen National-
bibliografie; detaillierte bibliografische Daten sind im Internet über http://dnb.d-
nb.de/ abrufbar.

Dieses Werk sowie alle darin enthaltenen einzelnen Beiträge und Abbildungen
sind urheberrechtlich geschützt. Jede Verwertung, die nicht ausdrücklich vom
Urheberrechtsschutz zugelassen ist, bedarf der vorherigen Zustimmung des Verla-
ges. Das gilt insbesondere für Vervielfältigungen, Bearbeitungen, Übersetzungen,
Mikroverfilmungen, Auswertungen durch Datenbanken und für die Einspeicherung
und Verarbeitung in elektronische Systeme. Alle Rechte, auch die des auszugsweisen
Nachdrucks, der fotomechanischen Wiedergabe (einschließlich Mikrokopie) sowie
der Auswertung durch Datenbanken oder ähnliche Einrichtungen, vorbehalten.

Impressum:

Copyright © 2009 GRIN Verlag GmbH
Druck und Bindung: Books on Demand GmbH, Norderstedt Germany
ISBN: 978-3-656-84081-7

Dieses Buch bei GRIN:

http://www.grin.com/de/e-book/284005/auswahlkriterien-von-erp-systemen-in-der-
versicherungsbrache

GRIN - Your knowledge has value

Der GRIN Verlag publiziert seit 1998 wissenschaftliche Arbeiten von Studenten, Hochschullehrern und anderen Akademikern als eBook und gedrucktes Buch. Die Verlagswebsite www.grin.com ist die ideale Plattform zur Veröffentlichung von Hausarbeiten, Abschlussarbeiten, wissenschaftlichen Aufsätzen, Dissertationen und Fachbüchern.

Besuchen Sie uns im Internet:

http://www.grin.com/

http://www.facebook.com/grincom

http://www.twitter.com/grin_com

FOM Fachhochschule für Ökonomie & Management Nürnberg

Berufsbegleitender Studiengang zum Diplom Wirtschaftsinformatiker (FH)

6. Semester

Integrierte Anwendungssysteme

Kriterien für die Auswahl von ERP-Systemen in der Versicherungsbrache

Autor: Patrick Seifert

Inhaltsverzeichnis

Abkürzungsverzeichnis

CAD	Computer Aided Design
CAP	Computer Aided Planning
CASE	Computer Aided Software Engineering

1. Einleitung

Durch die andauernd verschärfte Wettbewerbssituation ist es vor allem für mittelständische Unternehmen unabdingbar, ihre vorhandenen Ressourcen, wie zum Bespiel die Verwaltung von Kapital, Personal und Betriebsmittel möglichst effizient in ihren betrieblichen Ablauf zu integrierten.

Da Unternehmensprozesse heutzutage nicht mehr ausschließlich innerhalb der Unternehmung beginnen und enden, ist eine Optimierung der Ressourcenverteilung sowie dessen Einsatz, die zentrale Strukturgrößen einer heutigen Unternehmensstrategie darstellen, von entscheidender Bedeutung.

Die so genannte „New Economy" hat die Wettbewerbssituation noch zusätzlich verschärft. Um dieser entgegenzuwirken, wurden IT-Systeme entwickelt, um Geschäftsprozesse zu modellieren, IT-technisch abzubilden sowie die Mitarbeiter bei der Ausübung dieser zu unterstützen.

ERP-Systeme werden seit Anfang der 90er Jahre eingesetzt und bilden das Herzstück von IT-Landschaften in mittleren aber auch größeren Unternehmen.

Die vorliegende Arbeit gibt einen historischen Rückblick auf die Entwicklungsgeschichte der Informationstechnologie, speziell der Rolle der ERP-Systeme. Weiterhin wird der Funktionsumfang einer ERP Lösung, indem die Kernbereiche eines Unternehmens aufgezeigt werden, die durch den Einsatz dieser unterstützt und somit optimiert werden können, auf abstrakter Ebene grob beschrieben. Des Weiteren wird der Begriff Software im Allgemeinen klassifiziert und ERP-Systeme hierin eingeordnet und somit eine Abgrenzung zur Individualsoftware vorgenommen.

Ziel der Arbeit ist es, verschiedene Auswahlkriterien für den Einsatz einer ERP Lösung herauszuarbeiten und diese mithilfe einer Evaluationsmatrix und einer darauf aufbauenden Nutzwertanalyse innerhalb der Versicherungsbranche zu analysieren und anschließend zu beurteilen.

Ein Fazit beendet die Arbeit.

2. ERP-System

In diesem Kapitel wird eine allgemeine Definition des ERP Begriffs vorgenommen sowie dessen Entwicklungsgeschichte aufgezeigt. Anschließend wird ERP Software anhand des Softwarebegriffs näher klassifiziert, eingruppiert und der Funktionsumfang einer typischen ERP Lösung vorgestellt.

2.1 ERP - System: Definition

Die aus dem Englisch kommende Abkürzung ERP steht für Enterprise Ressource Planning und beschreibt eine integrierte betriebswirtschaftliche Standardsoftware, die in nahezu jedem Betrieb oder Unternehmen zum Einsatz gebracht werden kann. Mit ihr lassen sich betriebswirtschaftliche Aufgaben aus den verschiedensten Unternehmensbereichen, wie zum Beispiel dem Finanzwesen, der Produktion, der Logistik und dem Personalwesen IT-gestützt bearbeiten. Hierbei enthält es alle Teilprozesse von der strategischen und operationalen Planung, über Herstellung, Distribution bis hin zur Steuerung von Auftragsabwicklung und Bestandsmanagement.

Insbesondere Informationen über Finanzen, personelle Ressourcen, Produktion, Vertrieb und Einkauf, sowie Kundendatenbanken, Auftragsverwaltung, Debitoren- und Kreditorenbuchhaltung, können durch den Einsatz einer ERP Software miteinander verknüpft werden. Durch die andauernde Weiterentwicklung und Neuimplementierung von Modulen ist es jedem Betrieb möglich, auf Basis einer ERP Grundsoftware nur die für den Betrieb wichtigen Module zu installieren. Es gibt Systeme die komplett auf JAVA und andere, die auf mehreren Programmiersprachen aufsetzen. Seinesgleichen können die eingesetzten Datenbanksysteme, MYSQL, Oracle, aber auch proprietäre Datenbanken sein.

2.2 ERP - System: Geschichtliches

Die Anfänge von ERP Systemen sind eng verbunden mit der Gründung der SAP AG. SAP steht für Systemanalyse und Programmentwicklung und wurde im Jahre 1972 von drei ehemaligen IBM Ingenieuren in Mannheim gegründet. Ziel des Unternehmens war es, Software zur Verknüpfung von Daten aus unterschiedlichen Funktionen zu entwickeln und somit eine bessere Prozessintegration und damit einen reibungslosen Geschäftsbetrieb zu gewährleisten (vgl. Jungebluth, 2008, S.15). Die hierfür konzipierte Software wurde modular entwickelt und ermöglicht somit eine Erweiterung bzw. Anpassung an veränderte Rahmenbedingungen.

Da anfangs die IT Infrastruktur vieler Unternehmen noch nicht ausgereift war, wurden diese Systeme in erster Linie nur bei großen multinationalen Firmen eingesetzt. Diese Firmen waren bereits Anfang der 80er Jahre dahingegen bestrebt, ihre Geschäftsprozesse zu standardisieren und beschäftigten hierfür ausreichend Fachkräfte, die das System betreuen konnten. Nachdem der Markt für Großunternehmen gewonnen worden ist, fing die SAP AG an, Module für klein- und mittelständische Unternehmen zu entwerfen.

Mittlerweile ist das Monopol der SAP AG gefallen und am Markt eine Vielzahl von Anbietern anzutreffen, die vom kleinen Modul bis hin zur Komplettversion für nahezu allen Arten und Größen von Betrieben, ERP Software anbieten.

2.3 ERP - System: Klassifizierung

Um Software allgemein klassifizieren zu können, eignen sich Merkmale, wie die Nähe zur Hardware bzw. zum Anwender der Grad der Standardisierung, die jeweiligen Aufgaben sowie der Anwendungsbereich (vgl. Hesseler, Görtz, 2007, S. 7).

Der Begriff Software lässt sich im Folgenden in zwei Kategorien unterteilen, der System- und der Anwendungssoftware.

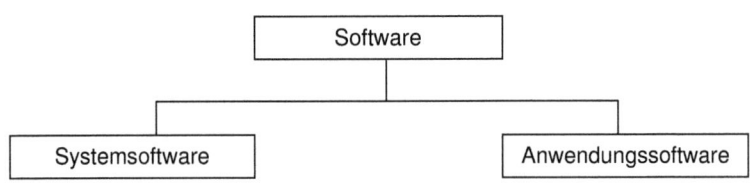

Abb. 1: Klassifizierung: Software, eigene Darstellung in Anlehnung an Diehl (2000, S. 13)

Zur Systemsoftware zählen Betriebsysteme, Übersetzungsprogramme, wie zum Beispiel ein Compiler, Linker und Interpreter oder auch Dienstprogramme, wie Netzwerksoftware oder Hardwaretreiber. Da schnell ersichtlich ist, dass

ERP Systeme keine Einordnung in Systemsoftware findet, wird im Weiteren nur noch die Kategorie der Anwendungssoftware näher betrachtet.

Die Anwendungssoftware lässt sich durch ein weiteres Klassifizierungsmerkmal, nämlich dem Grad der Standardisierung und somit der Individualität in Standard- und Individualsoftware unterteilen.

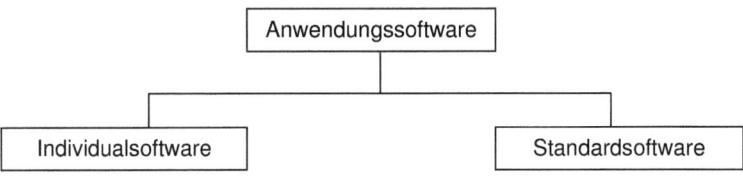

Abb. 2: Klassifizierung: Anwendungssoftware, eigene Darstellung in Anlehnung an Abts. u.a. (2002, S. 54)

Individualsoftware wird in erster Linie einmalig und für spezielle Aufgabenstellungen entwickelt. Es handelt sich somit um maßgeschneiderte Software, die entweder von internen Softwareentwicklern als Eigenentwicklung oder durch externe Softwarehäuser als Fremdentwicklung zur Verfügung gestellt wird.

Da sich ERP Software, wie bereits im Kapitel 2.1 erwähnt, in das Standardsoftwareumfeld einordnen lässt, wird eine weitere Gliederung der Standardsoftware vorgenommen.

Die Klassifizierung von Standardsoftware kann fortgesetzt werden, indem verschiedene Aufgabeklasse aufgezeigt werden. Zum einen lässt sich Standardsoftware nach dem Merkmal der Aufgabenklasse in technische Systeme, in betriebswirtschaftliche und in gemischte Systeme differenzieren.

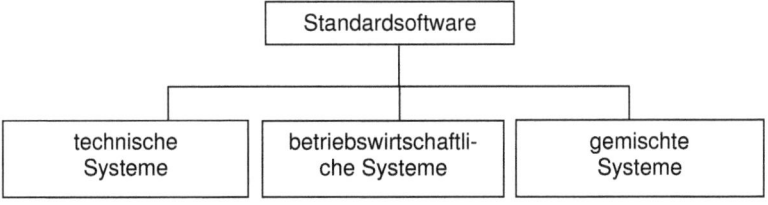

Abb. 3: Klassifizierung: Standardsoftware, eigene Darstellung in Anlehnung an Abts. u.a. (2002, S. 54)

Als erste Unterteilung sind technische Systeme zu nennen, die zur Unterstützung technischer Aufgabenstellung, wie zum Beispiel, CAD-Systeme, CAP Systeme oder Case Systeme entwickelt worden sind.

Die zweite Unterteilung, die betriebswirtschaftlichen Systeme, wurden zur Unterstützung betriebswirtschaftlicher Aufgaben innerhalb einer Unternehmung entwickelt. Folglich dienen sie zur informationstechnischen Abwicklung betriebswirtschaftlicher Geschäftsprozesse, wie zum Beispiel, der Logistik, dem Rechnungs- und dem Personalwesen.

Die letzte Aufgabenklasse beinhaltet die gemischten Systeme, die eine Kombination zwischen bereits genannten Aufgabenklassen darstellen. Zielsetzung dieser ist die Unterstützung sowohl technischer als auch betriebswirtschaftlicher Systeme durch ein einziges System (vgl. Hesseler, Görtz, 2007, S. 9).

Da ERP Systeme betriebswirtschaftliche Prozesse IT-gestützt bearbeiten sollen werden im Folgenden die betriebswirtschaftlichen Systeme hinsichtlich ihres Anwendungsbereiches gegliedert. Hierbei kann zwischen Branchen-, Funktions- und Spezialsoftware unterschieden werden.

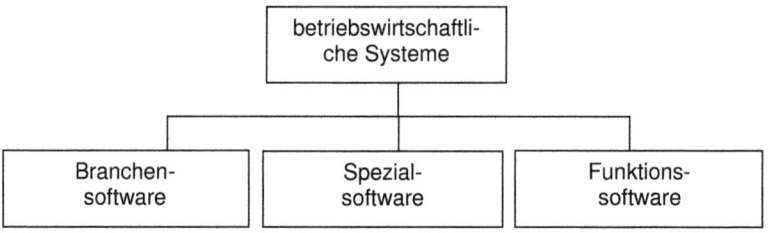

Abb. 4: Klassifizierung: betriebswirtschaftliche Systeme, eigene Darstellung in Anlehnung an Hesseler, Görtz. (2007, S. 11)

Unter Branchensoftware, auch Brachenlösung genannt, innerhalb der betriebswirtschaftlichen Systeme versteht man Software, die speziell auf die Bedürfnisse eines konkreten Wirtschaftszweiges ausgerichtet ist (vgl. Kravets, 2003, S. 7). Die unterschiedlichen Wirtschaftszweige, wie zum Beispiel Handel, Land- und Forstwirtschaft, Baugewerbe oder Kredit- und Versicherungsgewerbe, zeichnen sich durch spezifische Ausprägungen ihrer Geschäftsprozesse aus, die als Alleinstellungsmerkmal betrachtet werden können. Die Anforderungen werden durch die jeweilige Branchenlösung abgedeckt

Weiterhin unterteilen sich betriebswirtschaftliche Systeme in so genannte Spezialsoftware, die zur Unterstützung eines ganz konkreten betrieblichen Aufgabenspektrums, wie zum Beispiel Statistik, Prognosen oder lineare Optimierung dienen. Während bei der Spezialsoftware die Unterstützung ganz spezieller Aufgaben im Vordergrund steht, umfasst die Funktionssoftware alle Aufgaben eines spezifischen Anwendungsbereiches. Typische Beispiele hierfür sind das Finanzwesen, die Produktion verbunden mit der Logistik und das Personalwesen.

2.4 ERP - System: Eingruppierung

Wie dem Kapitel 2.3 bereits zu entnehmen ist, siedeln sich ERP Lösungen im Bereich der betriebswirtschaftlichen Standardsoftware an.

Aspekte, wie die Integration, die betriebswirtschaftliche Orientierung sowie die Softwarestandardisierung schließen eine Eingruppierung in Branchensoftware aus. Die Eingruppierung in Spezialsoftware erscheint ebenfalls nicht angebracht, da es nicht die Aufgabe eines ERP Systems ist, nur einzelne Aufgaben innerhalb einer Unternehmung abzudecken. Folglich beliebt nur noch die Zuordnung in die Funktionssoftware. Ein ERP System zeichnet sich dadurch aus, Funktionen verschiedener Anwendungsbereiche einer Unternehmung als integrierte Software zur Verfügung zu stellen.

Unter Integration wird in der Wirtschaftsinformatik die Verknüpfung von Menschen, Aufgaben und Technik, um die künstliche Trennung zwischen Funktinen , Prozessen und Abteilungen zu Gunsten eines einheitlichen Unternehmensgeschehens zu überwinden, verstanden (vgl. Mertens,2001, S. 1).

János von Neumann zu Margitta, bekannt als John von Neumann, wurde 1903 in Budapest geboren. Bereits in seiner Kindheit zeigte er überdurchschnittliche Intelligenz und konnte im Alter von sechs Jahren achtstellige Zahlen im Kopf dividieren. Er besuchte das deutschsprachige Lutheraner Gymnasium in Budapest und fiel damals schon wegen seiner hervorragenden Kenntnisse in Mathematik auf. Nebst einem angefangenen Studium des Chemieingenieurwesens galt von Neumanns Interesse stets der Mathematik. Er besuchte daher regelmäßig Mathematikkurse und war 1923 bis 1926 als Mathematiker und Physiker jüngster Privatdozent der Berliner Universität.

Von Neumann gilt als einer der Väter der Informatik. Nach ihm wurde die so genannte von-Neumann-Architektur, auch von-Neumann-Rechner, benannt (vgl. Heims, 1982, S.17).

Ab 1949 leitete er am Institute for Advanced Study in Princeton ein eigenes Computerprojekt, durch das er seine Ideen verwirklichen konnte. Von Neumann starb am achten Februar 1957 im Alter von 53 Jahren in Washington D.C., USA.

3. Grundkonzept: Von Neumann

Um die von-Neumann-Architektur richtig darstellen zu können, bedarf es zwei wesentlicher Teilkonzepte, das der Architektur des Rechnermodells sowie das des Ablaufkonzepts eines Programms.

3.1 Architektur des Von-Neumann-Rechnermodells

Im Wesentlichen besteht das vorliegende Modell aus drei Komponenten, der CPU, dem Speicher und der I/O Einheit, die über ein Bussystem miteinander verbunden sind.

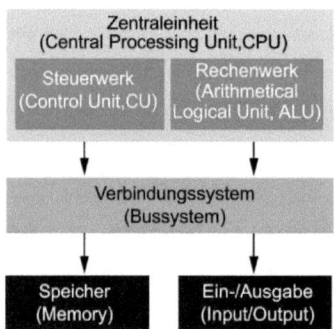

Abb. 5: Komponenten Von-Neumann-Architektur (Siemers, 2004, S.15)

Während das Steuerwerk Anweisungen eines Programms interpretiert und für die Befehlsabfolge verantwortlich ist, führt das Rechenwerk Rechenoperationen und logische Verknüpfungen aus.

Beide sind Bestandteile der Zentraleinheit, die über ein Verbindungssystem, dem so genannten Bussystem, direkt mit der Speicher- und I/O Einheit verbunden ist. Über dieses werden zwischen Steuerwerk und Speicher Programme und Daten ausgetauscht, die über das Steuerwerk interpretiert und über das Rechenwerk verarbeitet werden. Der Speicher besteht aus Plätzen fester Wortlängen, die sich mit Hilfe einer festen Adresse ansprechen lassen (vgl. Siemers, 1999, S.57). Jede Informationseinheit hat eine eindeutige Adresse im Speicher.

Die I/O Einheit ist für die Steuerung der Ein- und Ausgabe von Daten zum Anwender (Monitor) bzw. zu anderen Systemen (via Schnittstellen) verantwortlich.

Ein großer Vorteil dieser Architektur ist es, dass die Struktur des Rechners von dem zu bearbeitenden Problem unabhängig ist. Die Anpassung an die Aufgabenstellung für jedes neue Problem erfolgt durch Speicherung eines eigenständigen Programms in der Speichereinheit. Dieses Konzept wird auch als so genanter programmgesteuerter Universalrechner bezeichnet.

3.2 Programmablaufkonzept des von-Neumann-Rechner

Das Programmablaufkonzept besteht aus zwei Komponenten, der Speicherung von Daten und Programmen, das aus einer Sequenz von Befehlen besteht sowie dem Prinzip der sequentiellen Programmausführung.

Das Speichern erfolgt in einem RAM Speicher mit linearem Adressraum. Durch ein spezielles Befehls-Adressregister, dem so genannten Befehlszähler, wird auf den nächsten auszuführenden Befehl gezeigt.

Die abzuarbeitenden Befehle, die aus einer Ansammlung von Informationseinheiten bestehen, werden ständig aus einer Speicherzelle gelesen und ans Steuerwerk weitergeleitet.

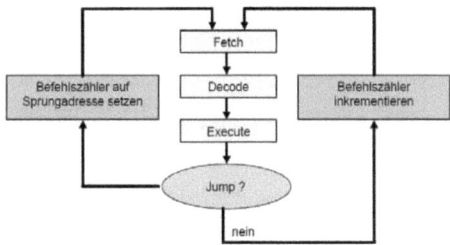

Abb. 6: Ablauf Befehlsverarbeitung (www.kreissl.info)

Befehle und Programme durchlaufen einen Zyklus, der ausgehend vom Steuerwerk bestimmt wird. Jedem Zyklusdurchlauf ist ein Takt zugeordnet, der von einem Taktgeber (Quarz) gesteuert wird. Dieser Zyklus wird in drei Phasen unterteilt: Holphase (FETCH), Dekodierungsphase (DECODE), Ausführungsphase (EXECUTE).

In der ersten Phase wird der abzuarbeitende Befehl aus dem Speicher in das Steuerwerk „geholt", das heisst transportiert. In dem darauf folgenden Schritt wird der Befehl „dekodiert", das heisst entschlüsselt und interpretiert. Anschließend wird der Befehl durch Erzeugung von Steuersignalen „ausgeführt". Nach diesem Zyklus wird der Befehlszähler inkrementiert bzw. innerhalb einer Schleife auf den Wert der Sprungadresse gesetzt. Die beschriebenen Phasen werden solange ausgeführt, bis aus dem Speicher ein „STOP" gesendet wird.

Ein wichtiges Bewertungskriterium der Arbeitsgeschwindigkeit der CPU ist die Zykluszeit. Diese gibt die Zeit an, die die CPU benötigt, um einmal den Befehlszyklus zu durchlaufen.

Die Programme werden als Ganzes im Speicher abgelegt und werden nicht sequenziell eingegeben, wie es zum Beispiel bei Lochstreifen der Fall ist. Somit können Sprünge und Schleifen (Wiederholungen) im Programmablauf realisiert werden.

Ein weiterer Vorteil ist es, Programme zu entwickeln, mit denen der Computer selbst in der Lage ist, Algorithmen aus einer höheren Programmiersprache durch einen vorgeschalteten Compiler in seine Maschinensprache zu übersetzen.

3.3 Von-Neumann-Flaschenhals

Der von-Neumann-Flaschenhals stellt einen Nebeneffekt der Anwendung der von-Neumann-Architektur dar. Da auf der Hardware-Ebene eines von-Neumann-Rechners Daten nur über einen einzigen Bus transportiert und vom Prozessor schneller verarbeitet werden, als sie aus dem Speicherwerk geliefert bzw. hineingeschrieben werden können, kommt es auf dem Datenbus zu Engpässen. Aus diesem Grund wird bei dieser Architekturanordnung der Datenbus in Verbindung mit dem Speicherwerk auch als Flaschenhals bezeichnet.

Die Diskrepanz zwischen der Prozessorleistung und der Speicherzugriffszeit stellt somit bei der zukünftigen Weiterentwicklung eine große Herausforderung dar. In der Praxis versucht man diese Abweichung durch den Einsatz eines so genannten Prozessorcaches abzuschwächen. Der Prozessorcache stellt Daten bzw. Programmteile, die schon einmal vorlagen, wie zum Beispiel Code innerhalb Schleifen, Steuervariablen, lokale Variablen und Prozedurparameter, beim nächsten Zugriff schneller zur Verfügung und ist entweder direkter Bestandteil des Prozessors (interner Cache) oder gesondert auf dem Mainboard (extern) verbaut. Ein interner Prozessorcache arbeitet mit der gleichen Taktung wie die CPU, während ein externer Cache um ein Vielfaches langsamer ist.

4. Technische Realisierung in einem modernen Multi-Core-Prozessor

Bei dem Begriff Multi-Core-Prozessor handelt es sich um einen Prozessor, der im Wesentlichen aus zwei oder mehreren Hauptprozessoren besteht. Diese Multi-Core-Prozessoren besitzen voneinander unabhängige Hauptprozessoren (vgl. Malfitano, 2005, S.2). Derzeit werden zwei Arten von Mehrkernprozessoren unterschieden. Zum einen gibt es den symmetrischen Multi-Core-Prozessor, bei denen die Hauptprozessoren den gleichen Befehlssatz besitzen, wobei zum anderen ein asymmetrischer Multi-Core-Prozessor mit unterschiedlichen Befehlssätzen arbeitet.

Ziel des Einsatzes von Multi-Core-Prozessoren ist es, die Befehlsausführung parallel auszuführen, indem eine multiple Prozessoransteuerung über spezielle Pipelines gewährleistet wird.

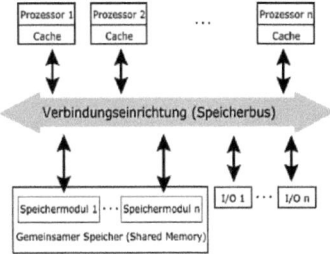

Abb. 7: Multi-Core-Architektur (Bengel, Baun, Kunze, Stucky, 2008, S.40)

Diese oben vereinfacht dargestellte Architektur baut auf der von-Neumann-Rechner-Architekur auf. Die einzelnen Prozessoren sind über eine gemeinsame Verbindungseinrichtung, dem Speicherbus, sowohl mit dem Speicher als auch mit der I/O Einheit verbunden. Hauptunterschied zur von-Neumann-Architektur, ist die Tatsache, dass alle am Bus befindlichen CPUs den gemeinsamen Speicher nutzen können. Somit kann jeder Prozessor auf dem Speicher lesen und schreiben, indem er einen LOAD oder STORE Befehl ausführt. Da der Speicherbus durch den Einsatz von Multi-Core-Prozessoren zusätzlich belasten wird, vergrößert sich der von-Neumann-Flaschenhals. Aus diesem Grund sind die Anzahl der Prozessoren auf acht bis höchstens 64 begrenzt (vgl. Bengel, Baun, Kunze, Stucky, 2008, S.40).

Zur Reduktion des Flaschenhalses ist jeder Prozessor mit einem Cache ausgestattet, der Kopien von Teilen des Hauptspeichers enthält.

Die Speicherung der Daten und Programme sowie dessen sequentieller Programmablauf können somit parallelisiert werden. Dies hat eine deutliche Steigerung der Zykluszeit gegenüber dem Einsatz von nur einer CPU zur Folge.

Um die Parallelisierung zu ermöglichen, ist ein Prefetching von Daten und Befehlen durch den Einsatz von Prozessor-Pipelining notwendig.

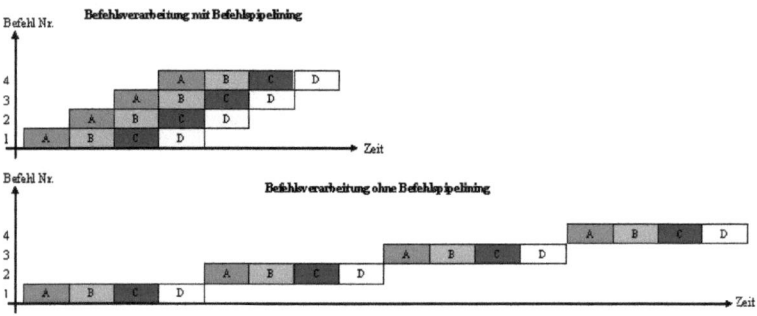

Abb. 8: Ablauf Befehlsverarbeitung mit/ohne Befehlspipelining (Jacobsen, 2004,

Durch das Pipelining werden die abzuarbeitenden Befehle in Teilaufgaben zerlegt, so dass mehrere Befehle gleichzeitig durchgeführt werden können.

Anstelle eines gesamten Befehls wird beim Pipelining während eines Prozessortaktzyklus, der Befehl in verschiedene Teilaufgaben zerlegt und synchron bearbeitet. Die verteilte Abarbeitung der einzelnen Teilaufgaben erfolgt schneller und erhöht damit den Gesamtdurchsatz der Befehle.

Je einfacher eine einzelne Stufe aufgebaut ist, desto höher ist die Frequenz, mit der sie betrieben werden kann. In einem modernen CPU mit einem Kerntakt im Gigahertz-Bereich, das heisst über eine Milliarde Takte pro Sekunde, kann die Befehlspipeline über 30 Stufen lang sein. Der Kerntakt ist die Zeit, die ein Befehl braucht, um eine Stufe der Pipeline zu durchwandern. In einer n-stufigen Pipeline wird ein Befehl also in n-Takten von n-Stufen bearbeitet. Da in jedem Takt ein neuer Befehl geladen wird, verlässt im Idealfall auch ein Befehl pro Takt die Pipeline (vgl. www.kreissl.info).

Muss ein Befehl, der sich in der Pipeline weiter vorne befindet zuerst abgearbeitet werden, so entstehen Abhängigkeiten, die zu Konflikten führen können.

Man unterscheidet dabei zwischen Ressourcen-, Daten- und Kontrollflusskonflikten.

Ein Ressourcenkonflikt tritt dann auf, wenn der Pipelinezugriff eine bereits von einer anderen Stufe belegten Ressource benötigt. Datenkonflikte können auf zwei verschiedenen Ebenen auftreten. Zum einen können sie auf der Befehlsebene entstehen, wenn Daten, die in einem Befehl benutzt werden, nicht zur Verfügung stehen. Zum anderen können sie auf der Transferebene auftreten, wenn Registerinhalte nicht mehr vorhanden sind. Zuletzt können Kontroversen im Kontrollfluss auftreten. Dies geschieht dann, wenn die Pipeline abwarten muss, ob ein bedingter Sprung ausgeführt wird (vgl. www.arstechnica.com/old/content/2004/09).

Je länger die Pipeline ist, desto mehr Befehle können „gepiped" werden, das bedeutet, das die Verarbeitungsgeschwindigkeit steigt.

Werden falsche Sprungvorhersagen interpretiert, so muss die Pipeline komplett geleert (flushing) werden und die Befehle aus dem Speicher nachgeladen werden. Dies bewirkt hohe Latenzzeiten, in denen der Prozessor keine Verarbeitung durchführt.

5. Fazit

Der von-Neumann-Rechner spiegelt ein klassisches SISD-System wieder, das pro Arbeitsschritt ein Befehl mit dem dazugehörigen Operanden abarbeitet. In der heutigen Zeit können Prozessoren zwar Befehle auf mehrere Operanden gleichzeitig anwenden und Befehle durch das Anwenden spezieller Techniken, wie zum Beispiel das vorher beschriebene Pipelining ausführen. Allerdings hat sich am grundlegenden Konzept nur sehr wenig verändert.

Die Entdeckung der von-Neumann-Architektur war für die weitere Entwicklung der Prozessortechnik weltweit entscheidend. Beinahe alle programmierbaren Rechner basieren exakt auf dieser Technologie. Von führenden Herstellern wird sie entsprechend erweitert, so dass eine schnellere Geschwindigkeit, das heisst Abarbeitung von Befehlen erfolgen kann.

Die Flaschenhalsproblematik ist noch immer ein Problem und wird durch den Einsatz von Multi-Core-Prozessoren, die ebenfalls auf der von-Neumann-Architektur basieren, durch Parallelität verschärft. Durch die Anwendung von Caching wird dieser Negativ-Effekt abgemildert.

Zusammenfassend lässt sich sagen, dass von Neumann eine bedeutsame Person war, die 1946 eine revolutionäre Erfindung gemacht hat, auf die heute und auch noch in naher Zukunft zurückgegriffen werden muss. Ferner gehört diese Architektur zum Grundverständnis der Prozessorentwicklung und ist in jedem Grundlagenbuch über Rechnerarchitekturen zu finden.

Literatur- und Quellennachweis

Bücher

Jungebluth, Volker (2008): Das ERP Pflichtenheft,
  4, Auflage, Mitp-Verlag

Hesseler, Martin, Görtz, Marcus (2007): Basiswissen ERP-Systeme,
  1. Auflage, W3L GmbH, Witten

Kravets, Alexander (2003): Standard und Branchensoftware in KMU,
  1. Auflage, GRIN Verlag GmbH, München

Mertens, Peter (2000): Integrierte Informationsverarbeitung,
  1. Auflage, Gabler, Wiesbaden

Fachartikel

Siemers, Christian (2004): Prozessorgrundlagen: Von-Neumann-Architektur
  IDG Business Media GmbH:
  www.tecchannel.de/server/prozessoren/402283/prozessorgrundlagen_
  von_neumann_architektur_teil_1/index.html

Internet

Hohmann, Florian: Bild John von Neumann:
  www.hohse.de/flo/referat/bilder/neumann.jpg

Jacobsen, Frank (2004): Befehlspipelining:
  upload.wikimedia.org/wikipedia/de/6/6f/Befehlspipeline.PNG

Kreißl, Holger (2004): Pipelining:
  www.kreissl.info

Malfitano, Giovanni (2005): Multicore-Prozessor:
  www.bullhost.de/m/multicore-prozessor.html

Stokes, John (2004): Pipelining, An Overview:
  www.arstechnica.com/old/content/2004/09

Der 20.07.2009 gilt als letzter Zugriffszeitpunkt für die aufgeführten Internetadressen.